AF188355

Impressum
Verlag: BABADADA GmbH, Nedderfeld 112 , 22529 Hamburg
Geschäftsführer / Verlagsleitung: Harald Hof
Druck: Books on Demand GmbH, In de Tarpen 42, 22848 Norderstedt

Imprint
Publisher: BABADADA GmbH, Nedderfeld 112 , 22529 Hamburg, Germany
Managing Director / Publishing direction: Harald Hof
Print: Books on Demand GmbH, In de Tarpen 42, 22848 Norderstedt

1

school
skole

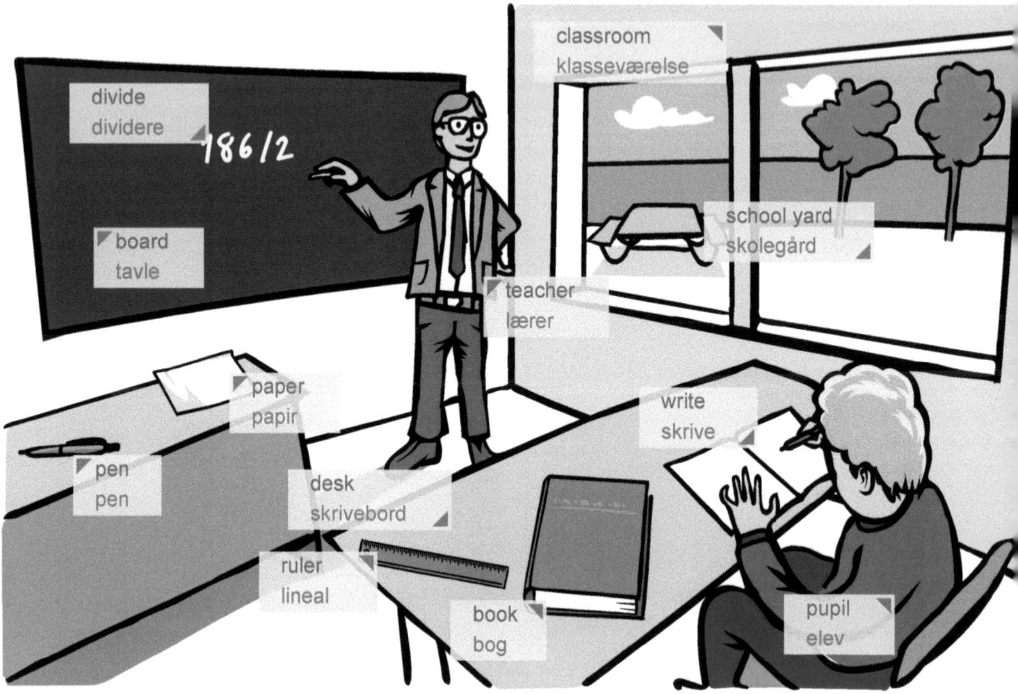
classroom
klasseværelse
divide
dividere
186/2
board
tavle
school yard
skolegård
teacher
lærer
paper
papir
write
skrive
pen
pen
desk
skrivebord
ruler
lineal
book
bog
pupil
elev

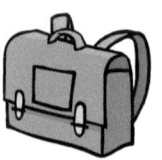

satchel
skoletaske

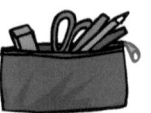

pencil case
penalhus

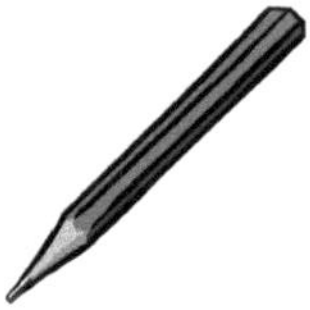

pencil
blyant

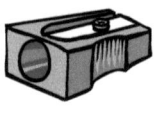

pencil sharpener
blyantspidser

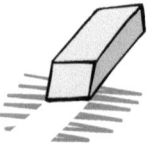

rubber
viskelæder

drawing pad
tegneblok

drawing

tegning

paintbrush

pensel

paint box

æske med vandfarver

scissors

saks

glue

lim

exercise book

opgavehefte

homework

lektie

number

tal

add

addere

subtract

subtrahere

multiply

multiplicere

calculate

regne

letter

bogstav

alphabet

alfabet

word

ord

text
tekst

read
læse

chalk
kridt

lesson
time

register
klasseprotokol

examination
eksamen

certificate
karakterbog

school uniform
skoleuniform

education
uddannelse

encyclopedia
leksikon

university
universitet

microscope
mikroskop

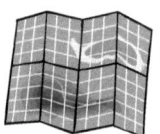

map
kort

waste-paper basket
papirkurv

travel
rejse

hotel
hotel
Grand
hostel
herberg
ROOMS
EXCHANGE
currency exchange office
vekselkontor
car
bil

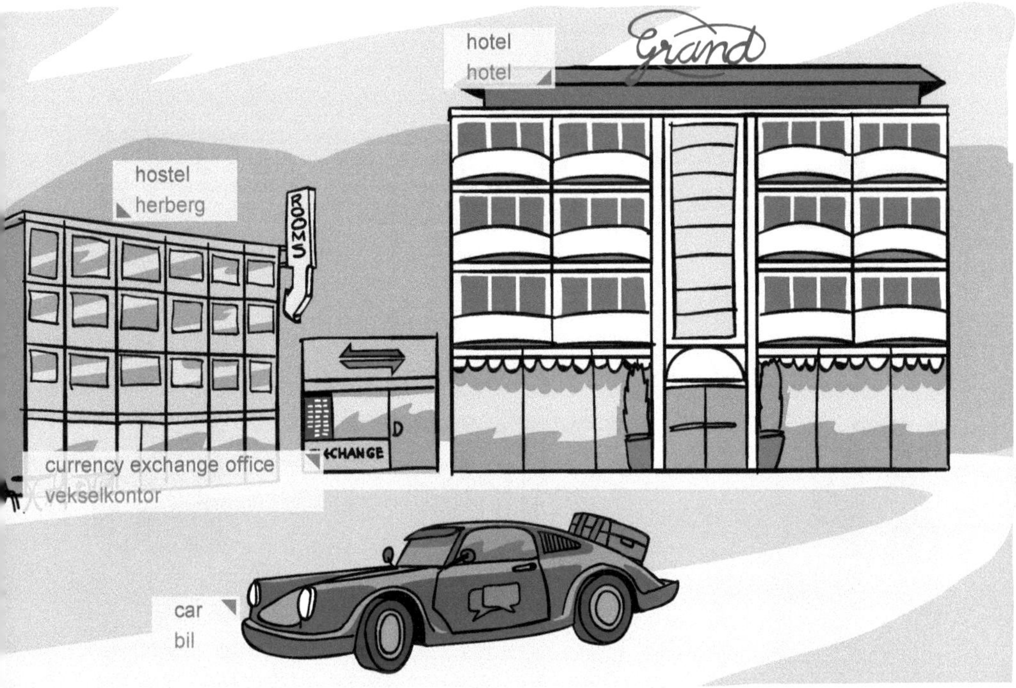

language
sprog

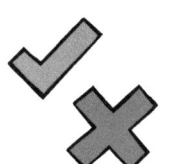

yes / no
ja / nej

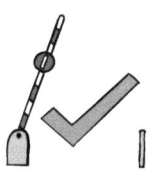

Okay
okay

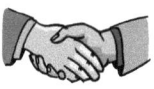

hello
hej

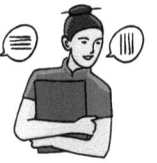

translator
oversætter

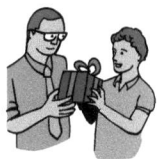

Thank you
tak

how much is...?

hvad koster...?

I don´t get it

Jeg forstår ikke

problem

problem

Good evening!

God aften!

Good morning!

God morgen!

Good night!

God nat!

goodbye

farvel

direction

retning

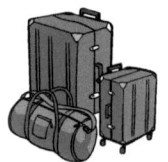

luggage

bagage

bag

taske

backpack

rygsæk

guest

gæst

room

værelse

sleeping bag

sovepose

tent

telt

tourist information

turistinformation

beach

strand

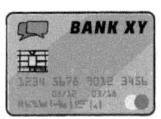

credit card

kreditkort

breakfast

morgenmad

lunch

middagsmad

dinner

aftensmad

Ticket

billet

elevator

elevator

stamp

frimærke

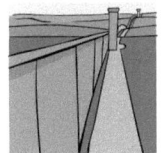

border

grænse

customs

told

embassy

ambassade

visa

visum

passport

pas

transport
transport

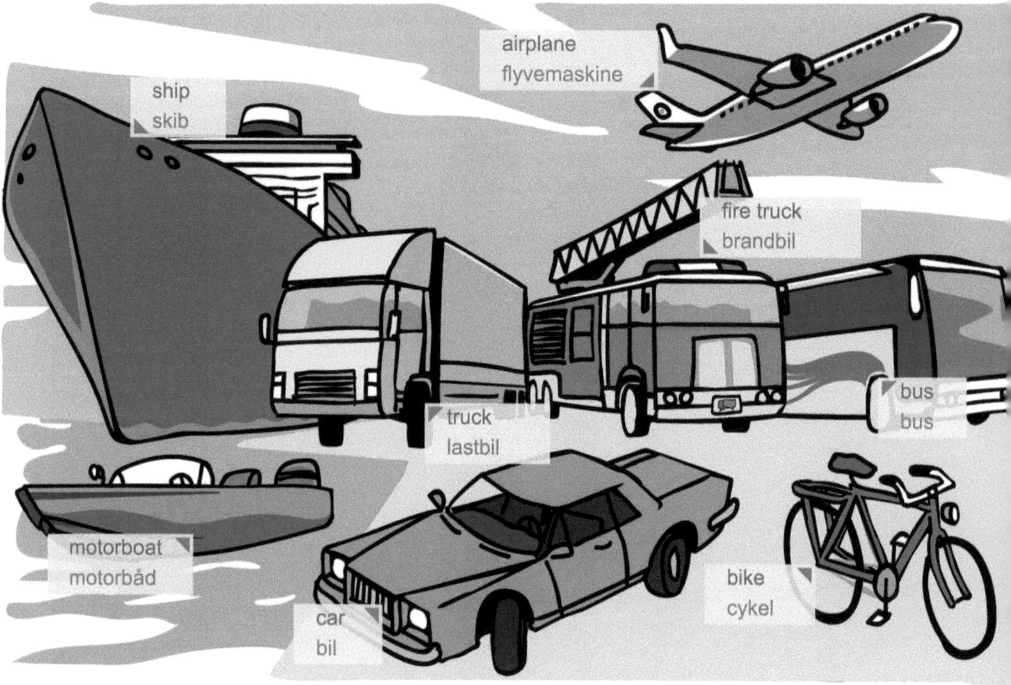
airplane
flyvemaskine
ship
skib
fire truck
brandbil
bus
bus
truck
lastbil
motorboat
motorbåd
bike
cykel
car
bil

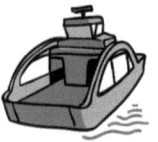

ferry
færge

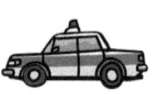

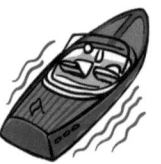

boat
båd

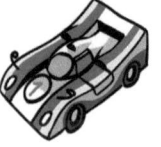

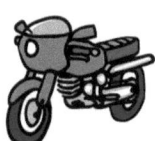

motorbike
motorcykel

police car
politibil

racing car
racerbil

rental car
lejebil

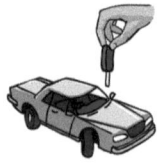

car sharing

samkørsel

tow truck

kranbil

garbage truck

skraldebil

engine

motor

fuel

benzin

fuel station

tankstation

traffic sign

trafikskilt

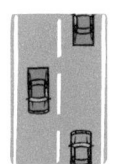

traffic

trafik

traffic jam

trafikprop

parking lot

parkeringsplads

train station

banegård

tracks

skinner

train

tog

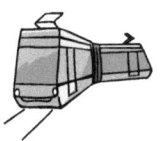

tram

sporvogn

wagon

wagon

helicopter

helikopter

airport

lufthavn

tower

tårn

passenger

passager

container

container

carton

karton

cart

kærre

basket

kurv

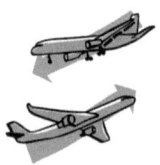

take off / land

starte / lande

city
by

village

landsby

city center

bymidte

house

hus

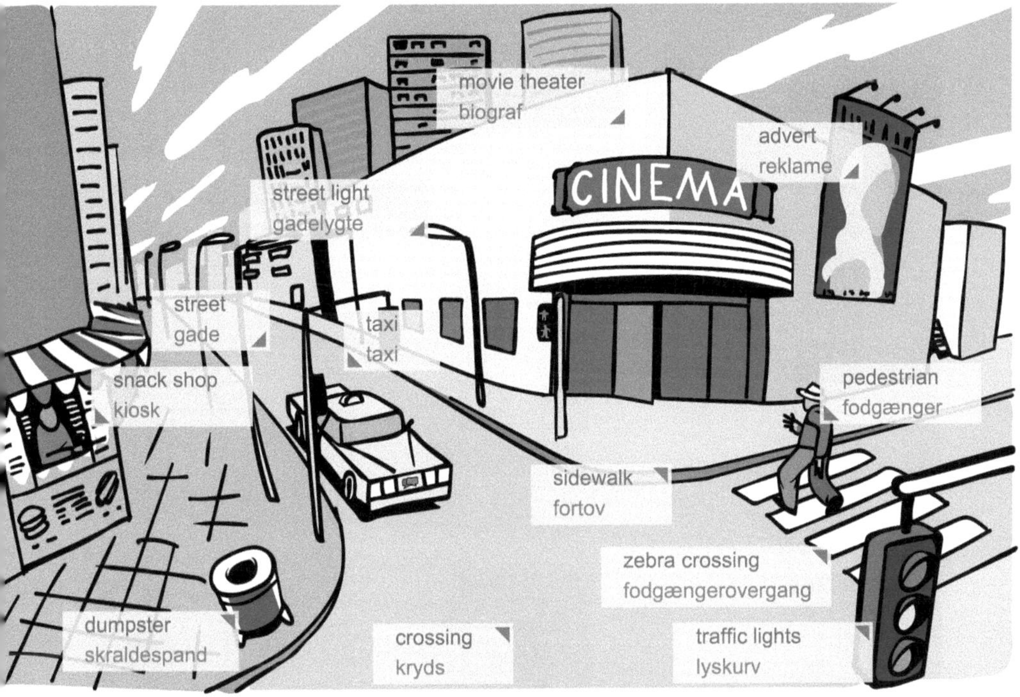

movie theater
biograf

advert
reklame

street light
gadelygte

CINEMA

street
gade

taxi
taxi

snack shop
kiosk

pedestrian
fodgænger

sidewalk
fortov

zebra crossing
fodgængerovergang

dumpster
skraldespand

crossing
kryds

traffic lights
lyskurv

hut
hytte

apartment
lejlighed

train station
banegård

city hall
rådhus

museum
museum

school
skole

city - by

11

university

universitet

bank

bank

hospital

sygehus

hotel

hotel

pharmacy

apotek

office

kontor

book shop

boghandel

shop

butik

flower shop

blomsterbutik

supermarket

supermarked

market

marked

department store

stormagasin

fishmonger's shop

fiskehandler

mall

butikscenter

harbor

havn

park
park

bench
bænk

bridge
bro

stairs
trappe

subway
undergrundsbane

tunnel
tunnel

bus stop
busstoppested

bar
barnevogn

restaurant
restaurant

postbox
postkasse

street sign
vejskilt

parking meter
parkometer

zoo
zoo

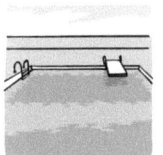

swimming pool
badeanstalt

mosque
moske

farm
bondegård

pollution
miljøforurening

cemetery
kirkegård

church
kirke

playground
legeplads

temple
tempel

landscape
landskab

signpost
vejviser

path
vej

meadow
eng

stone
sten

hiker
vandrer

tree
træ

river
flod

grass
græs

flower
blomst

valley

dal

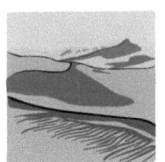

hill

bjerg

lake

sø

forest

skov

desert

ørken

volcano

vulkan

castle

slot

rainbow

regnbue

mushroom

svamp

palm tree

palme

mosquito

moskito

fly

flue

ant

myre

bee

bi

spider

edderkop

beetle

bille

frog

frø

squirrel

egern

hedgehog

pindsvin

hare

hare

owl

ugle

bird

fugl

swan

svane

boar

vildsvin

deer

hjort

moose

elg

dam

dæmning

wind turbine

vindmølle

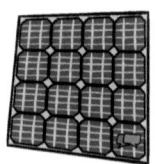

solar panel

solcellemodul

climate

klima

restaurant

restaurant

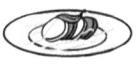

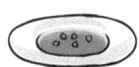

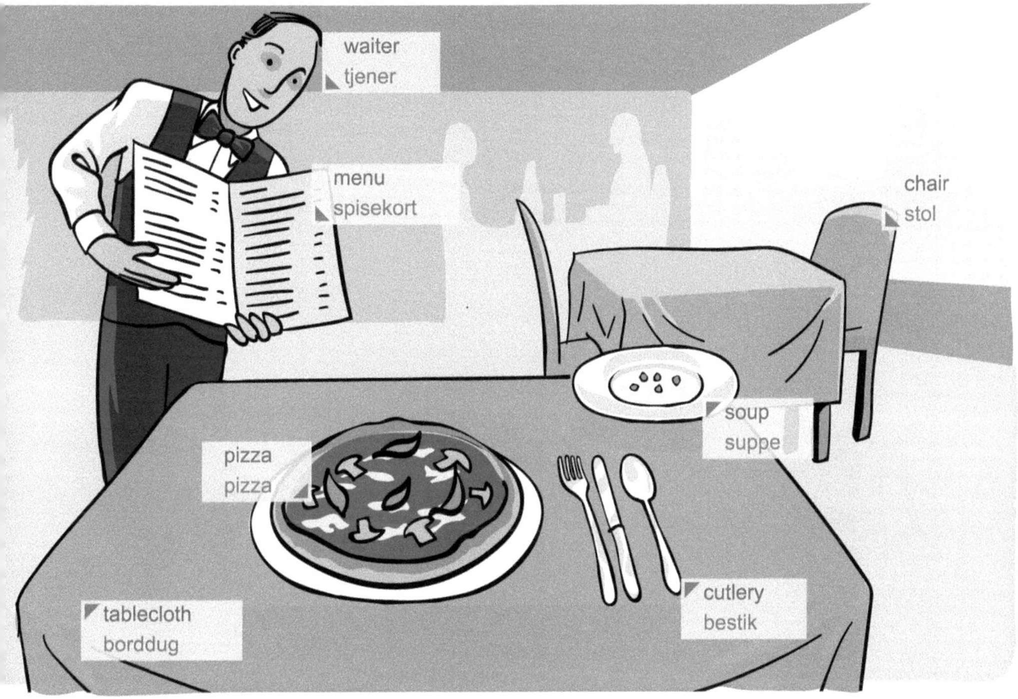
waiter
tjener
menu
spisekort
chair
stol
soup
suppe
pizza
pizza
cutlery
bestik
tablecloth
borddug

starter

forret

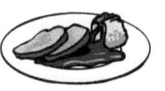

main course

hovedret

dessert

dessert

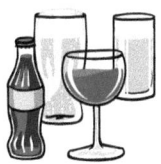

drinks

drikkevarer

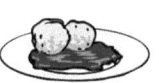

food

mad

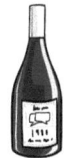

bottle

flaske

fast food

fastfood

street food

streetfood

teapot

tekande

sugar bowl

sukkerdåse

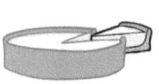

portion

portion

espresso machine

espressomaskine

high chair

barnestol

bill

faktura

tray

tablet

knife

kniv

fork

gaffel

spoon

ske

teaspoon

teske

serviette

serviet

glass

glas

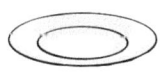

plate
tallerken

soup plate
dyb tallerken

saucer
underkop

sauce
sovs

salt shaker
saltbøsse

pepper mill
peberkværn

vinegar
eddike

oil
olie

spices
krydderier

ketchup
ketchup

mustard
sennep

mayonnaise
mayonnaise

supermarket
supermarked

special offer
tilbud
FOR
customer
kunde
dairy products
mælkeprodukter
fruit
frugt
shopping cart
indkøbsvogn

BUTCHERS

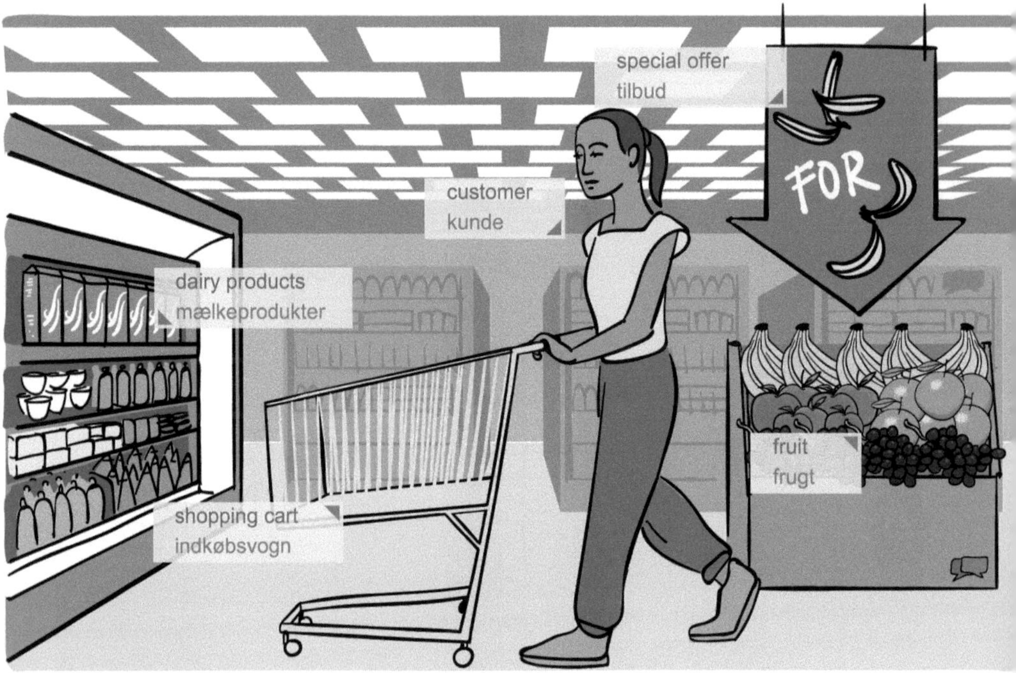

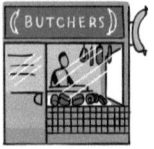

butcher's shop

slagter

BAKERY

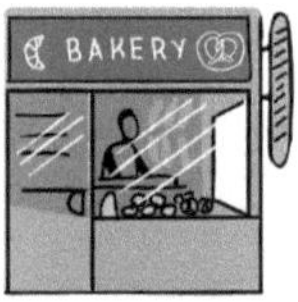

bakery

bageri

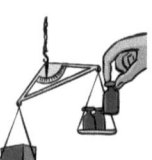

weigh

veje

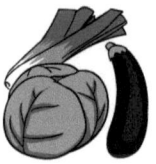

vegetables

grøntsager

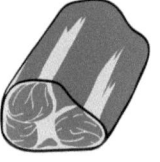

meat

kød

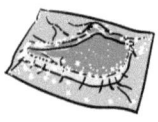

frozen food

frostvarer

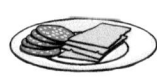

cold cuts

pålæg

canned food

konserves

detergent

vaskemiddel

candy

slik

household products

husholdningsvarer

cleaning products

rengøringsmidler

sales representative

ekspedient

cash register

kasse

cashier

kasserer

shopping list

indkøbsliste

opening hours

åbningstider

wallet

tegnebog

credit card

kreditkort

bag

taske

plastic bag

plasticpose

drinks
drikkevarer

water
vand

juice
saft

milk
mælk

coke
cola

wine
vin

beer
øl

alcohol
alkohol

cocoa
kakao

tea
te

coffee
kaffe

espresso
espresso

cappuccino
cappuccino

banana

banan

apple

æble

orange

appelsin

melon

melon

lemon

citron

carrot

gulerod

garlic

hvidløg

bamboo

bambus

onion

løg

mushroom

svamp

nuts

nødder

noodles

nudler

spaghetti

spaghetti

rice

ris

salad

salat

fries

pomfritter

fried potatoes

stegte kartofler

pizza

pizza

hamburger

hamburger

sandwich

sandwich

escalope

schnitzel

ham

skinke

salami

salami

sausage

pølse

chicken

kylling

roast

steg

fish

fisk

porridge oats

havregryn

muesli

mysli

cornflakes

cornflakes

flour

mel

croissant

croissant

bread roll

rundstykke

bread

brød

toast

toast

cookies

kiks

butter

smør

curd

kvark

cake

kage

egg

æg

fried egg

spejlæg

cheese

ost

ice cream

is

sugar

sukker

honey

honning

jelly

marmelade

nougat cream

nougat-creme

curry

karry

farm
bondegård

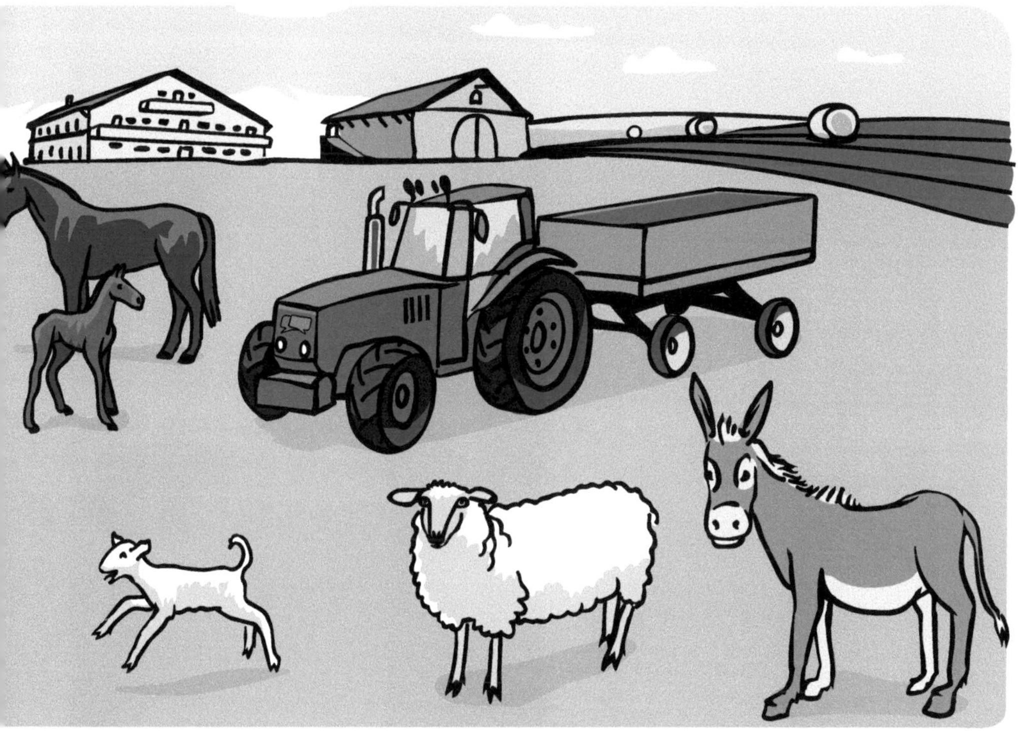

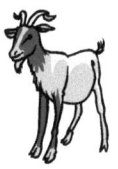

goat

ged

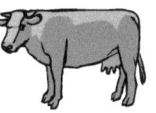

cow

ko

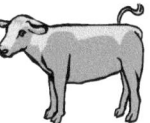

calf

kalv

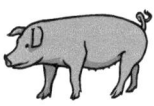

pig

svin

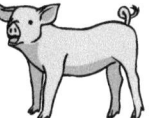

piglet

gris

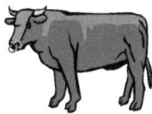

bull

tyr

goose

gås

duck

and

chick

kylling

hen

høne

cockerel

hane

rat

rotte

cat

kat

mouse

mus

ox

okse

dog

hund

dog house

hundehus

garden hose

haveslange

watering can

vandkande

scythe

le

plow

plov

sickle

segl

hoe

hakkejern

pitchfork

møggreb

axe

økse

pushcart

trillebør

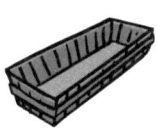

trough

trug

milk can

mælkekande

sack

sæk

fence

hæk

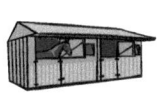

stable

stald

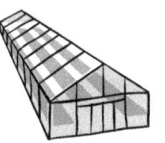

greenhouse

drivhus

soil

jord

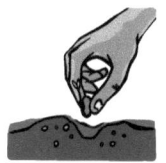

seed

frø

fertilizer

gødning

combine harvester

mejetærsker

harvest

høste

harvest

høst

yams

yams

wheat

hvede

soya

soja

potato

kartoffel

corn

majs

rapeseed

raps

fruit tree

frugttræ

manioc

maniok

grain

korn

house

hus

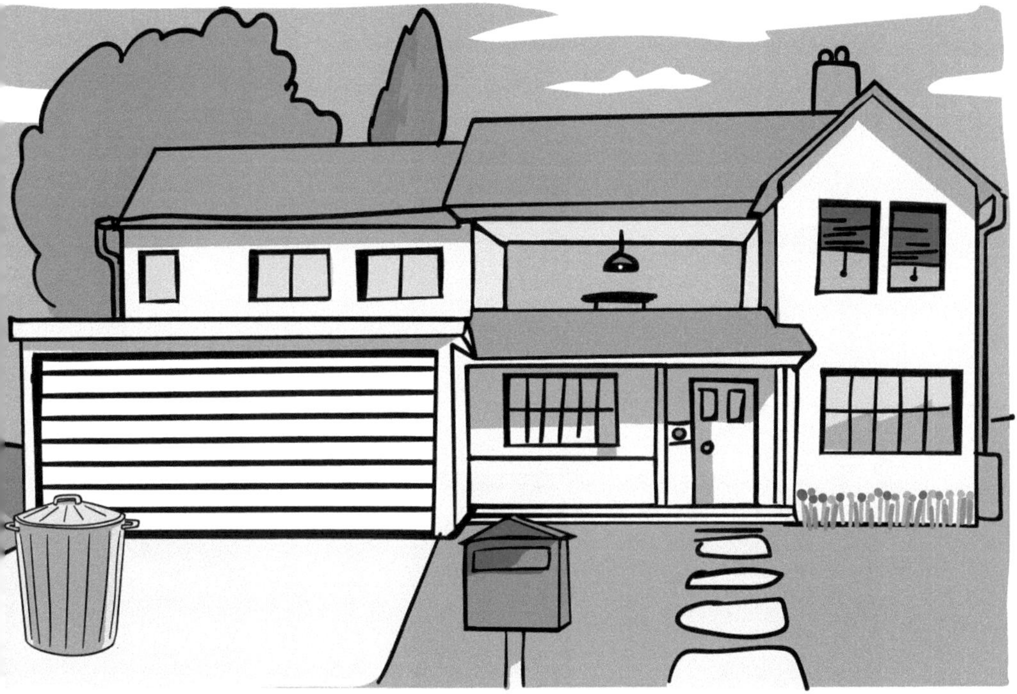

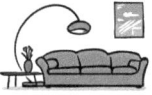

living room

stue

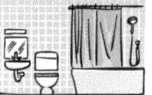

bathroom

badeværelse

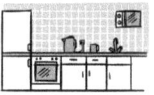

kitchen

køkken

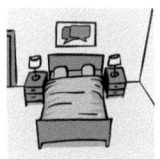

bedroom

soveværelse

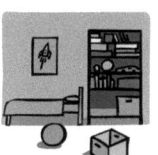

kids room

børneværelse

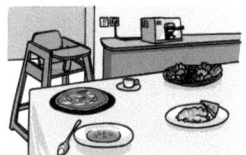

dining room

spisestue

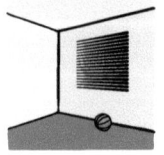

floor

gulv

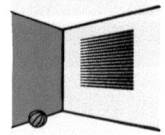

wall

væg

ceiling

loft

cellar

kælder

sauna

sauna

balcony

altan

terrace

terrasse

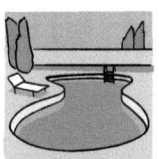

pool

svømmehal

lawn mower

plæneklipper

sheet

dynebetræk

bedspread

dyne

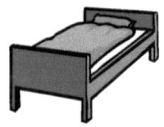

bed

seng

broom

kost

bucket

spand

switch

kontakt

living room

stue

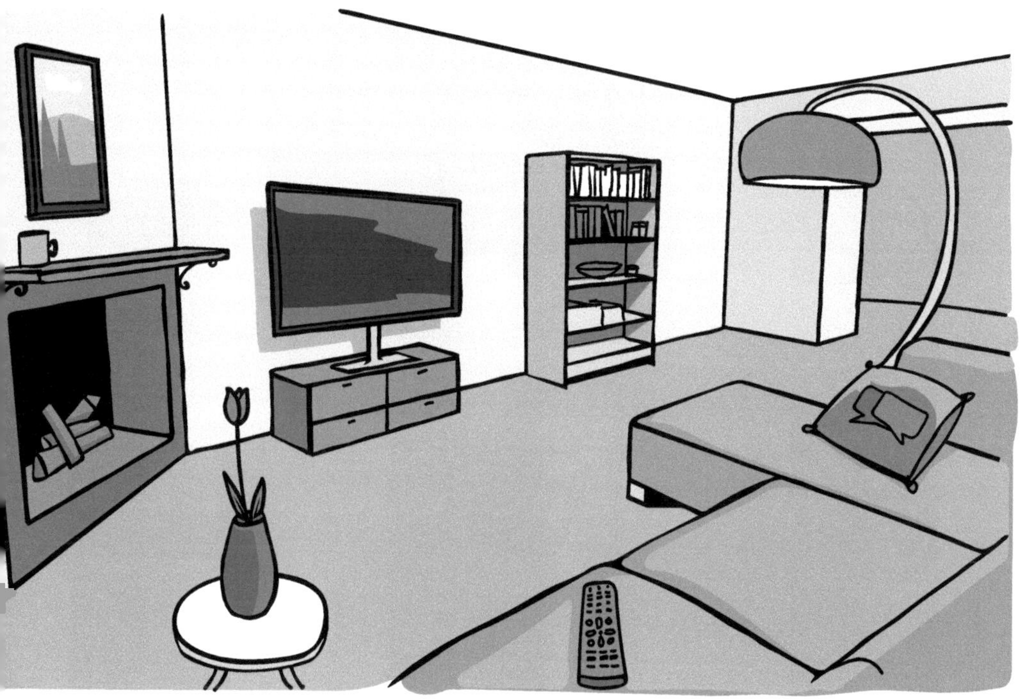

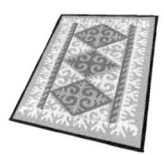

carpet

gulvtæppe

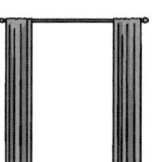

drape

gardin

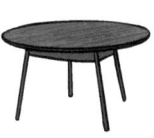

table

bord

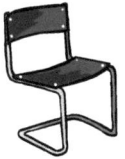

chair

stol

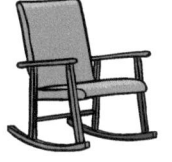

rocking chair

gyngestol

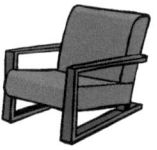

armchair

lænestol

book

bog

blanket

tæppe

decoration

dekoration

firewood

brænde

film

film

stereo system

stereoanlæg

key

nøgle

newspaper

avis

painting

maleri

poster

plakat

radio

radio

notebook

notesblok

vacuum cleaner

støvsuger

cactus

kaktus

candle

lys

kitchen
køkken

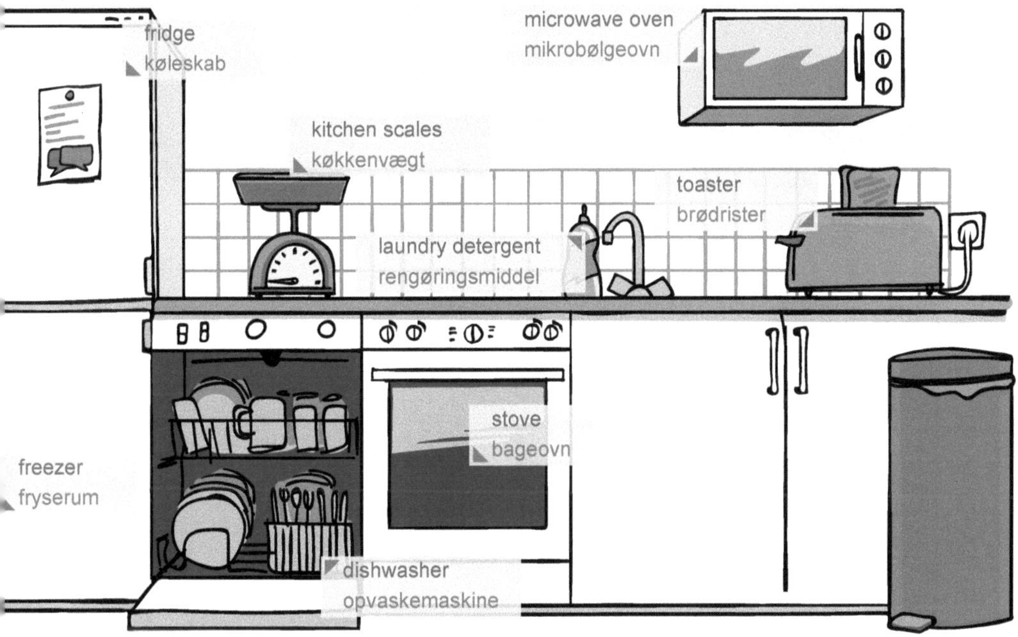
fridge
køleskab
microwave oven
mikrobølgeovn
kitchen scales
køkkenvægt
toaster
brødrister
laundry detergent
rengøringsmiddel
stove
bageovn
freezer
fryserum
dishwasher
opvaskemaskine

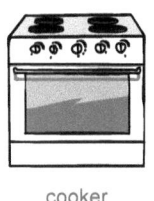

cooker
komfur

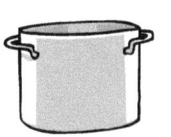

pot
gryde

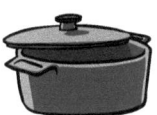

cast-iron pot
jerngryde

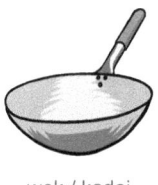

wok / kadai
wok / kadai

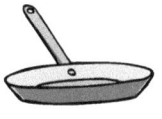

pan
pande

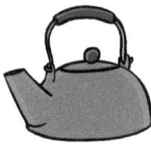

kettle
elkedel

steamer

dampkoger

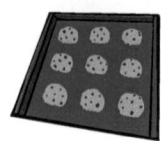

baking tray

bageplade

crockery

service

mug

bæger

bowl

skål

chopsticks

spisepinde

ladle

øseske

spatula

paletkniv

whisk

piskeris

strainer

dørslag

sieve

si

grater

rive

mortar

morter

barbecue

grille

fireplace

ildsted

chopping board

skærebræt

rolling pin

kagerulle

corkscrew

proptrækker

can

dåse

can opener

dåseåbner

oven cloth

grydelap

sink

køkkenvask

brush

børste

sponge

svamp

blender

blender

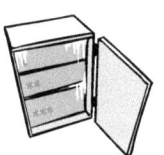

deep freezer

dybfryser

baby bottle

sutteflaske

tap

vandhane

bathroom

badeværelse

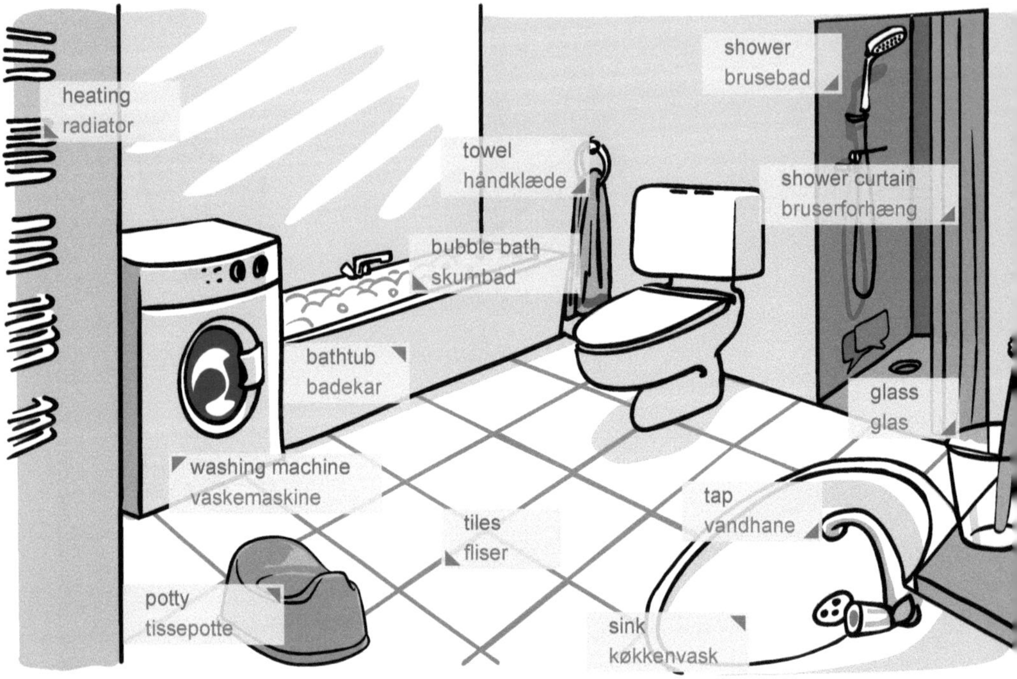
shower
brusebad
heating
radiator
towel
håndklæde
shower curtain
bruserforhæng
bubble bath
skumbad
bathtub
badekar
glass
glas
washing machine
vaskemaskine
tap
vandhane
tiles
fliser
potty
tissepotte
sink
køkkenvask

toilet

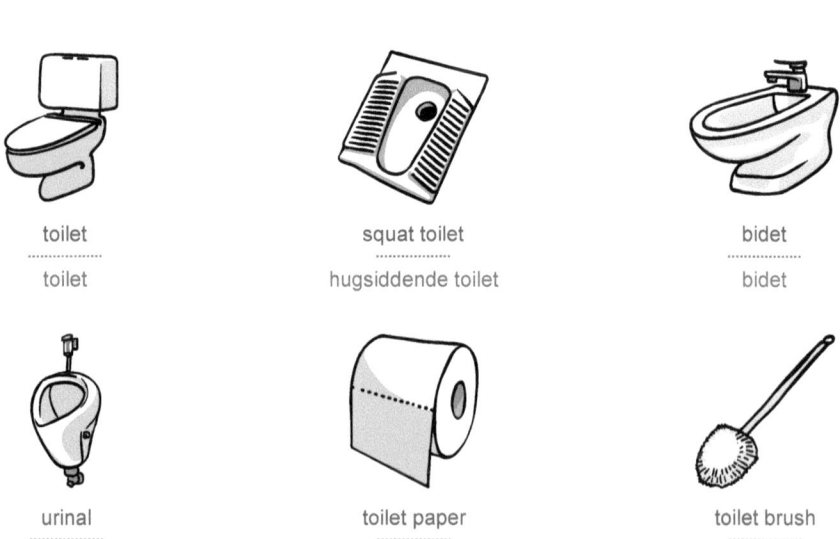

toilet

squat toilet

hugsiddende toilet

bidet

bidet

urinal

pissoir

toilet paper

toiletpapir

toilet brush

toiletbørste

toothbrush	**toothpaste**	**dental floss**
tandbørste	tandpasta	tandtråd
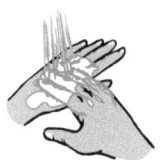		
wash	**hand shower**	**douche**
vaske	håndbruser	intimbruser

basin	**back brush**	**soap**
vaskefad	badebørste	sæbe

shower gel	**shampoo**	**flannel**
brusegele	shampoo	vaskeklud

drain	**creme**	**deodorant**
afløb	creme	deodorant

mirror

spejl

hand mirror

kosmetikspejl

razor

barberhøvl

shaving foam

barberskum

aftershave

barbervand

comb

kam

brush

børste

hair-dryer

hårtørrer

hairspray

hårspray

makeup

makeup

lipstick

læbestift

nail varnish

neglelak

cotton wool

vat

nail scissors

neglesaks

perfume

parfume

washbag

toilettaske

stool

skammel

weighing scales

vægt

bathrobe

badekåbe

rubber gloves

gummihandsker

tampon

tampon

sanitary towel

damebind

chemical toilet

kemisk toilet

kids room
børneværelse

alarm clock
vækkeur
cuddly toy
bamse
toy car
legetøjsbil
rattle
skralde
doll's house
dukkehus
present
gave

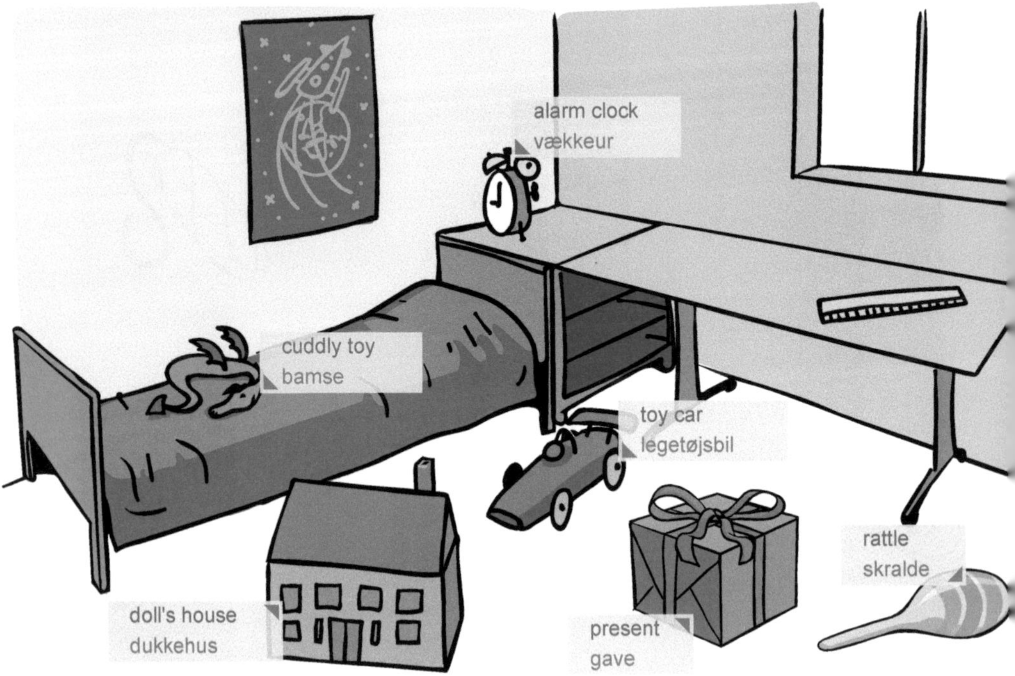

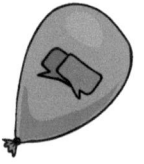

balloon

ballon

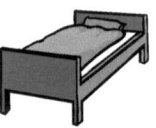

bed

seng

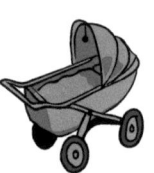

stroller

barnevogn

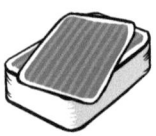

deck of cards

kortspil

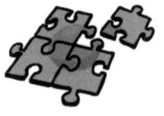

jigsaw

puslespil

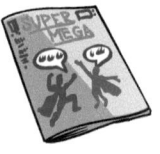

comic

tegneserie

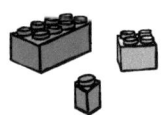

lego bricks

legoklodser

toy blocks

byggeklodser

action figure

action figur

romper suit

sparkedragt

frisbee

frisbee

mobile

uro

board game

brætspil

dice

terning

model train set

modeljernbane

pacifier

sut

party

fest

picture book

billedbog

ball

bold

doll

dukke

play

lege

sandpit

sandkasse

swing

gynge

toys

legetøj

video game console

spillekonsol

tricycle

trehjulet cykel

teddy bear

bamse

wardrobe

klædeskab

clothing
tøj

socks

sokker

stockings

strømper

tights

strømpebukser

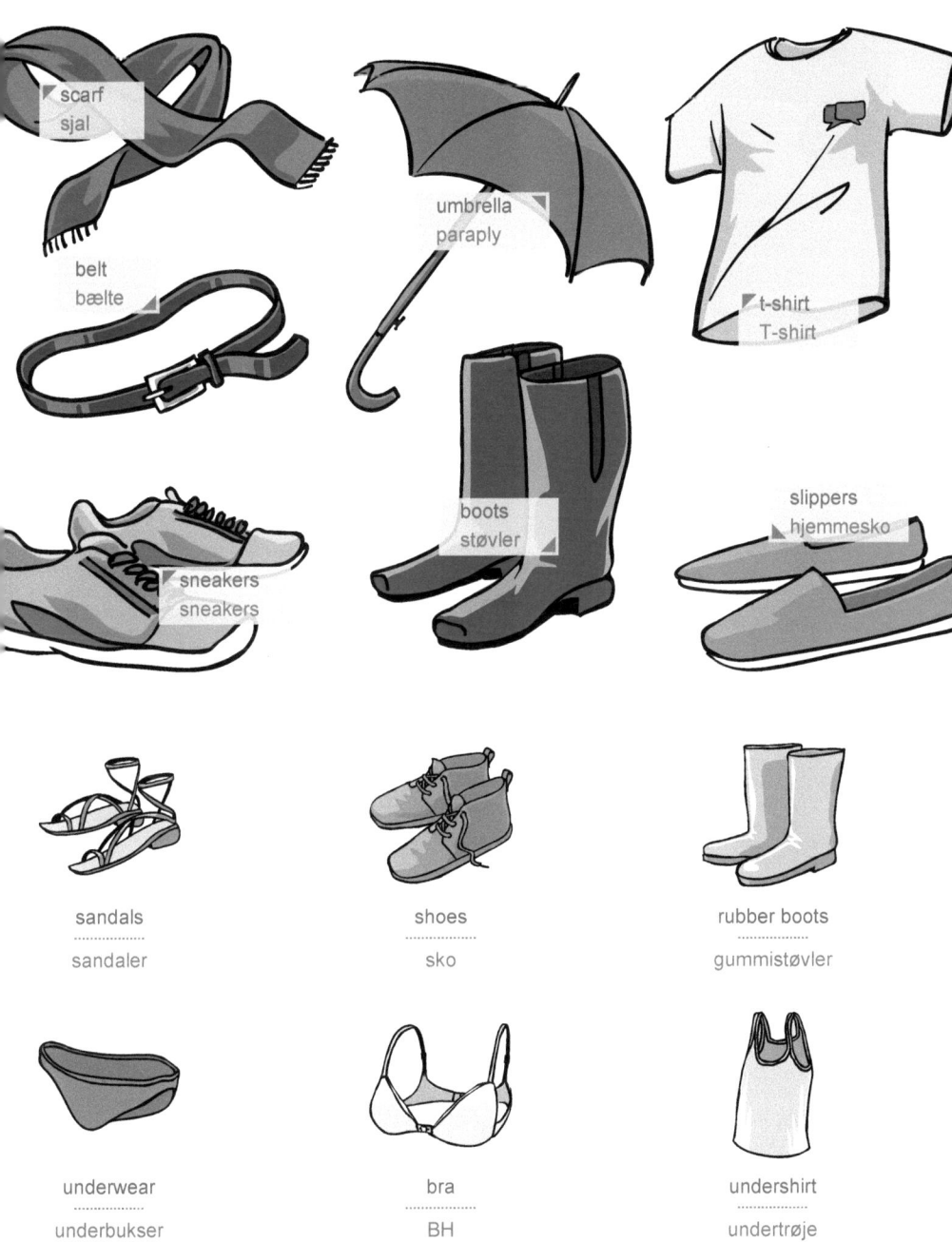

scarf
sjal

umbrella
paraply

belt
bælte

t-shirt
T-shirt

boots
støvler

slippers
hjemmesko

sneakers
sneakers

sandals	shoes	rubber boots
sandaler	sko	gummistøvler

underwear	bra	undershirt
underbukser	BH	undertrøje

body
body

pants
bukser

jeans
jeans

skirt
nederdel

blouse
bluse

shirt
skjorte

pullover
pullover

sweater
sweatshirt

blazer
blazer

jacket
jakke

coat
frakke

raincoat
regnfrakke

costume
kostume

dress
kjole

wedding dress
brudekjole

suit

jakkesæt

nightgown

nattrøje

pajamas

pyjamas

sari

sari

headscarf

hovedtørklæde

turban

turban

burka

burka

kaftan

kaftan

abaya

abaya

swimsuit

badedragt

trunks

badebukser

shorts

korte bukser

tracksuit

træningsdragt

apron

forklæde

gloves

handsker

button

knap

glasses

briller

bracelet

armbånd

necklace

kæde

ring

ring

earring

ørering

cap

hue

coat hanger

bøjle

hat

hat

tie

slips

zip

lynlås

helmet

hjelm

braces

seler

school uniform

skoleuniform

uniform

uniform

bib

hagesmæk

pacifier

sut

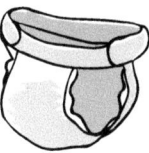

diaper

ble

office

kontor

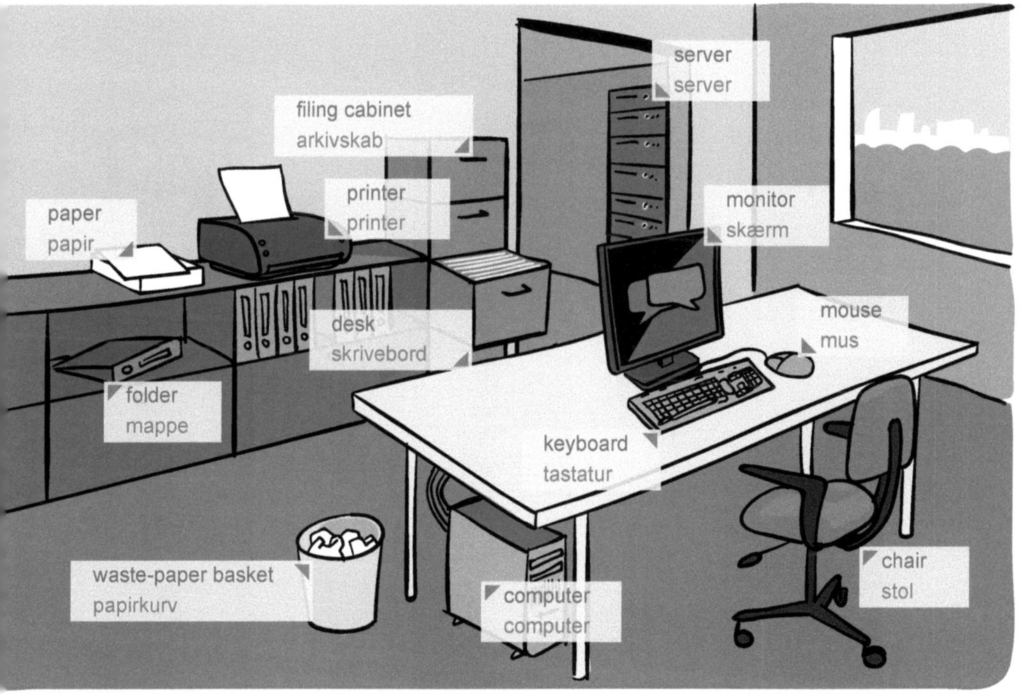

server
server

filing cabinet
arkivskab

printer
printer

monitor
skærm

paper
papir

desk
skrivebord

mouse
mus

folder
mappe

keyboard
tastatur

waste-paper basket
papirkurv

computer
computer

chair
stol

coffee mug

kaffekrus

calculator

lommeregner

internet

internet

laptop

bærbar

letter

brev

message

besked

cell phone

mobil

network

netværk

photocopier

kopimaskine

software

software

telephone

telefon

plug socket

stikdåse

fax machine

fax

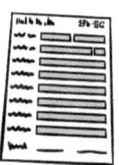

form

formular

document

dokument

buy

købe

pay

betale

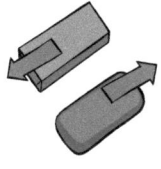

trade

handle

money

penge

 **USD**

dollar

dollar

 **EUR**

euro

euro

 **JPY**

yen

yen

 **RUB**

rouble

rubel

 **CHF**

Swiss franc

schweizerfranc

 **CNY**

renminbi yuan

renminbi yuan

 **INR**

rupee

rupee

cash point

hæveautomat

currency exchange office

vekselkontor

gold

guld

silver

sølv

oil

olie

energy

energi

price

pris

contract

kontrakt

tax

skat

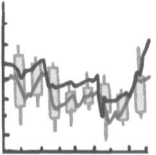

stock

aktie

work

arbejde

employee

ansat

employer

arbejdsgiver

factory

fabrik

shop

butik

economy - økonomi

occupations

erhverv

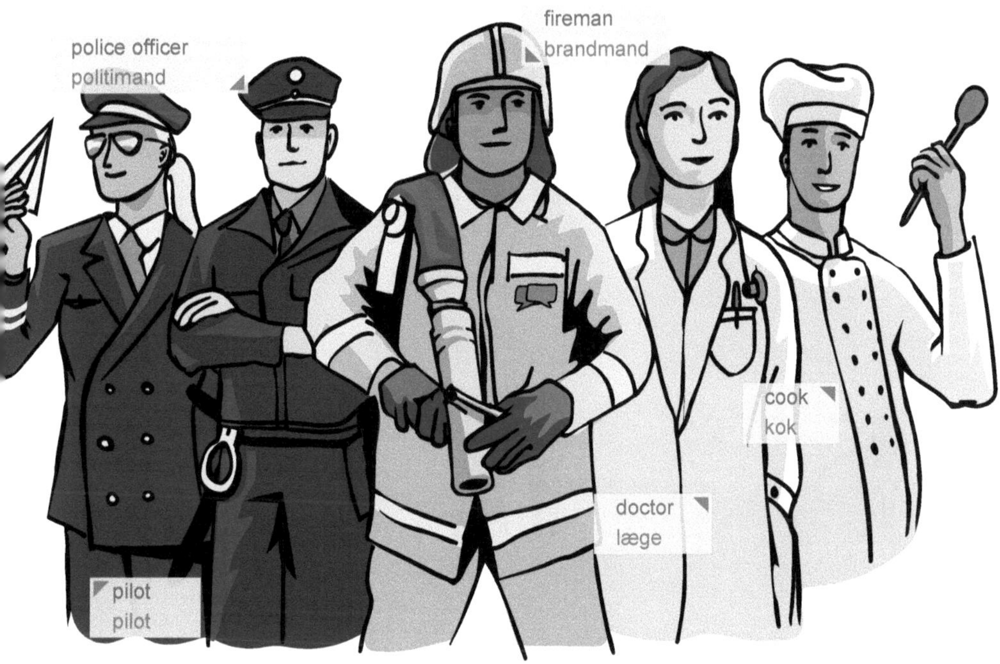
police officer
politimand
fireman
brandmand
cook
kok
doctor
læge
pilot
pilot

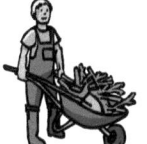

gardener

gartner

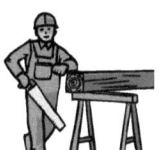

carpenter

tømrer

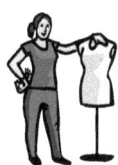

seamstress

syerske

judge

dommer

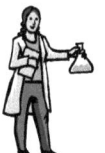

chemist

kemiker

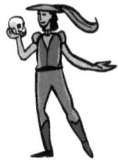

actor

skuespiller

bus driver

buschauffør

taxi driver

taxachauffør

fisherman

fisker

cleaning lady

rengøringskone

roofer

tagdækker

waiter

tjener

hunter

jæger

painter

maler

baker

bager

electrician

elektriker

builder

bygningsarbejder

engineer

ingeniør

butcher

slagter

plumber

vvs-mand

postman

postbud

soldier

soldat

architect

arkitekt

cashier

kasserer

florist

blomsterhandler

hairdresser

frisør

conductor

togfører

mechanic

mekaniker

captain

kaptajn

dentist

tandlæge

scientist

videnskabsmand

rabbi

rabbiner

imam

imam

monk

munk

pastor

præst

tools

værktøj

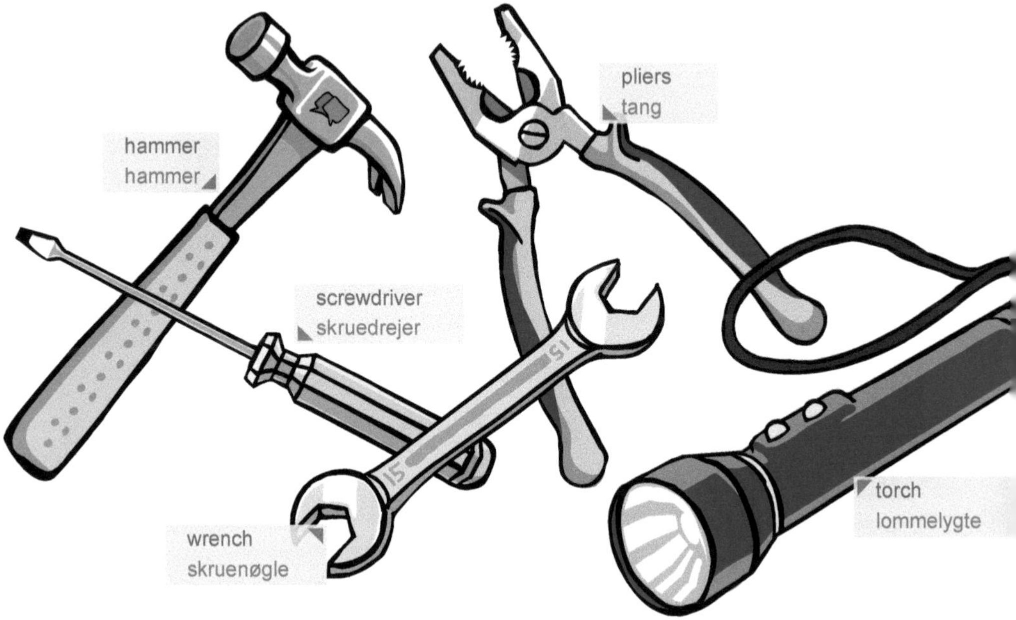
hammer
hammer
pliers
tang
screwdriver
skruedrejer
wrench
skruenøgle
torch
lommelygte

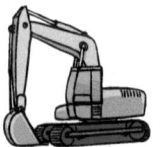

excavator

gravemaskine

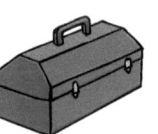

toolbox

værktøjskasse

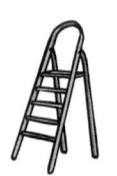

ladder

stige

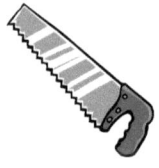

saw

sav

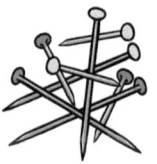

nails

søm

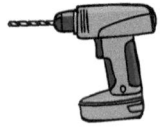

drill

bor

repair
reparere

shovel
skovl

Damn!
Lort!

dustpan
fejebakke

paint can
malerspand

screws
skruer

musical instruments
musikinstrumenter

loud speaker
højttaler

drum set
trommer

guitar
guitar

double bass
kontrabas

trumpet
trompet

piano

klaver

violin

violin

bass

bas

timpani

pauke

drums

tromme

keyboard

keyboard

saxophone

saxofon

flute

fløjte

microphone

mikrofon

ZOO

ZOO

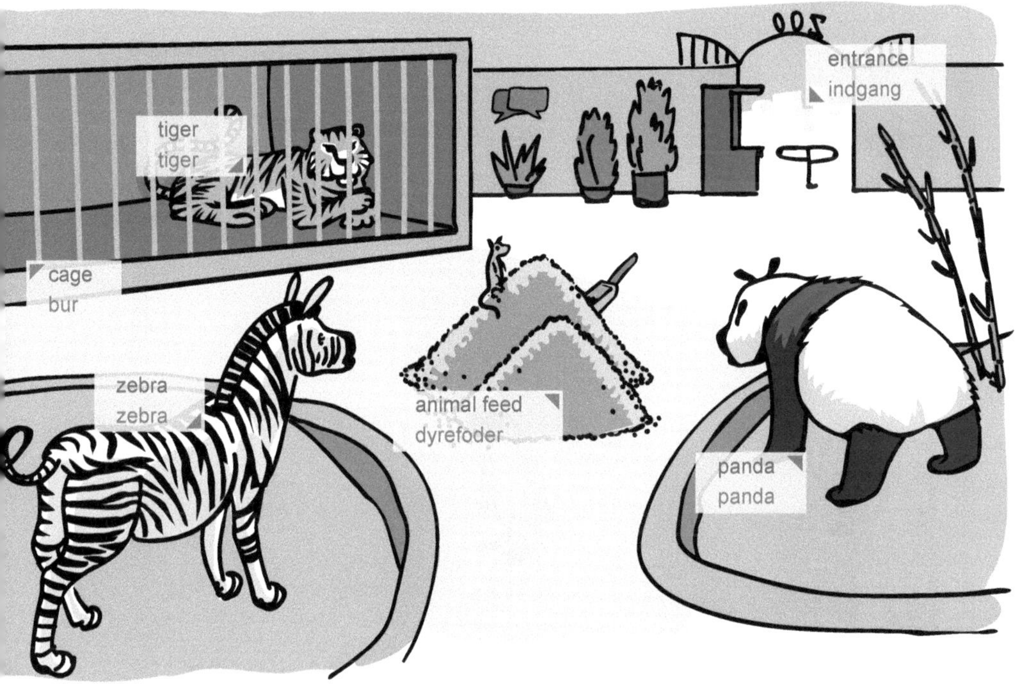

zoo
entrance
indgang
tiger
tiger
cage
bur
zebra
zebra
animal feed
dyrefoder
panda
panda

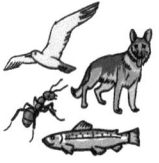

animals
dyr

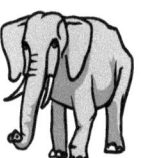

elephant
elefant

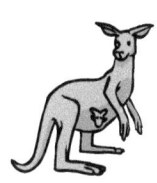

kangaroo
kænguru

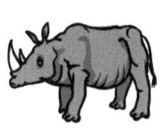

rhino
næsehorn

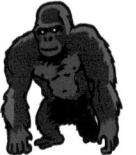

gorilla
gorilla

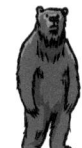

bear
bjørn

camel
kamel

ostrich
struds

lion
løve

monkey
abe

flamingo
flamingo

parrot
papegøje

polar bear
isbjørn

penguin
pingvin

shark
haj

peacock
påfugl

snake
slange

crocodile
krokodille

zookeeper
dyrepasser

seal
sæl

jaguar
jaguar

pony
pony

leopard
leopard

hippo
flodhest

giraffe
giraf

eagle
ørn

boar
vildsvin

fish
fisk

turtle
skildpadde

walrus
hvalros

fox
ræv

gazelle
gazelle

zoo - zoo

American football
amerikansk football

cycling
cykling

tennis
tennis

basketball
basketball

swimming
svømning

boxing
boksning

ice hockey
ishockey

soccer
fodbold

badminton
badminton

athletics
atletik

handball
håndbold

skiing
skiløb

polo
polo

laugh
grine

jump
springe

hug
give et knus

walk
gå

sing
synge

dream
drømme

pray
bede

kiss
kysse

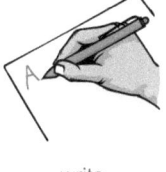

write

skrive

draw

tegne

show

vise

push

skubbe

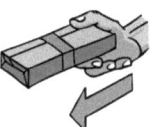

give

give

take

tage

have

have

do

gøre

be

være

stand

stå

run

løbe

pull

trække

throw

kaste

fall

falde

lie

ligge

wait

vente

carry

bære

sit

sidde

get dressed

tage på

sleep

sove

wake up

vågne

look at

se på

cry

græde

stroke

ae

comb

kæmme

talk

tale

understand

forstå

ask

spørge

listen

høre

drink

drikke

eat

spise

tidy up

rydde op

love

elske

cook

koge

drive

køre

fly

flyve

activities - aktiviteter

sail

sejle

calculate

regne

read

læse

learn

lære

work

arbejde

marry

gifte sig med

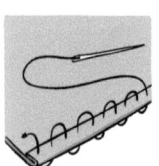

sew

sy

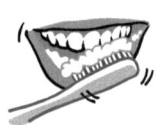

brush teeth

børste tænder

kill

dræbe

smoke

ryge

send

sende

family
familie

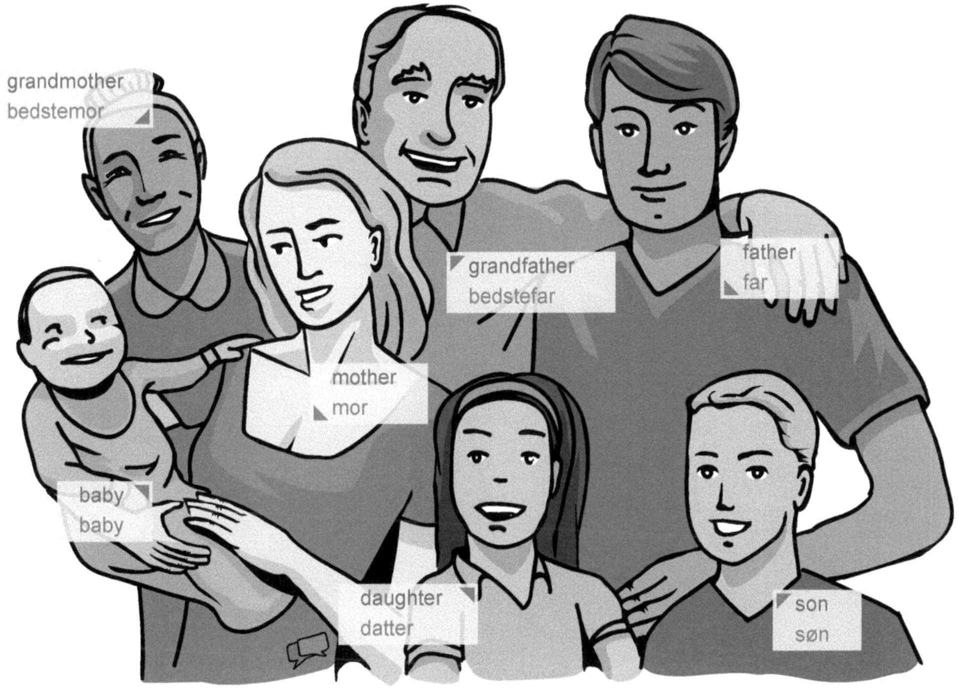
grandmother
bedstemor
grandfather
bedstefar
father
far
mother
mor
baby
baby
daughter
datter
son
søn

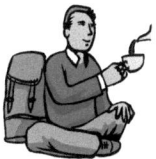

guest

gæst

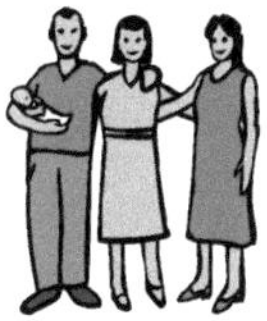

aunt

tante

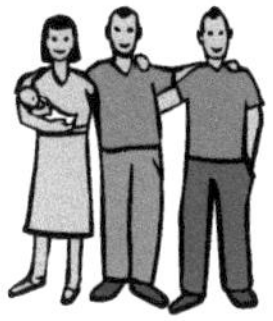

uncle

onkel

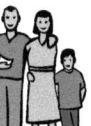

brother

bror

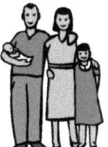

sister

søster

body

krop

forehead
pande
eye
øje
shoulder
skulder
finger
finger
face
ansigt
chin
hage
hand
hånd
leg
ben
breast
bryst
arm
arm

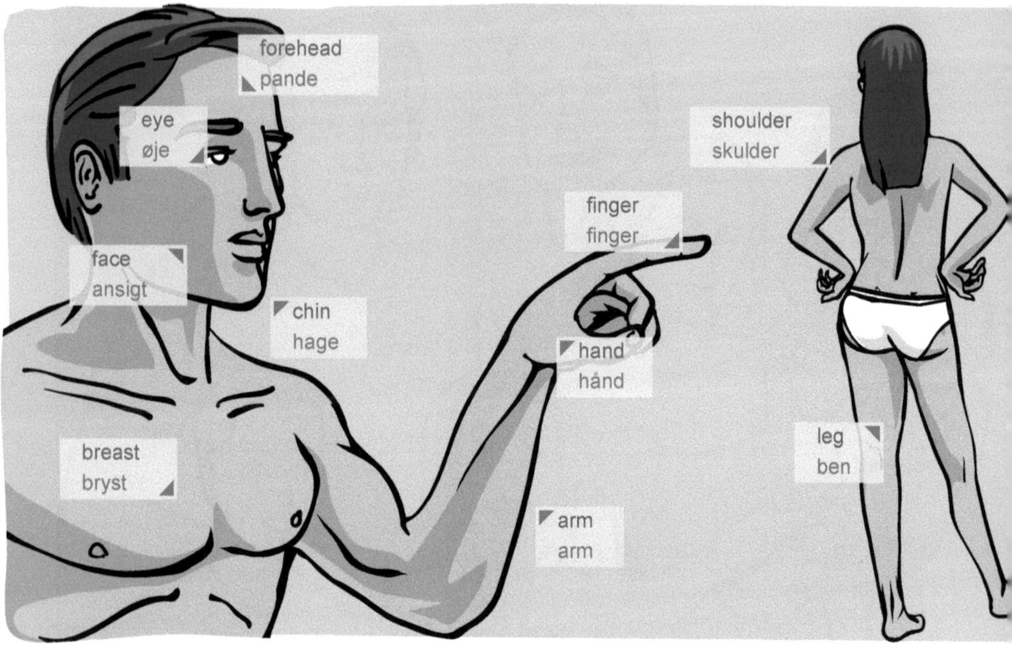

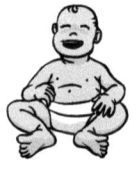

baby
baby

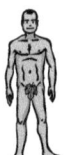

man
mand

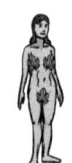

woman
kvinde

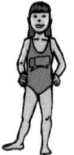

girl
pige

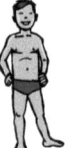

boy
dreng

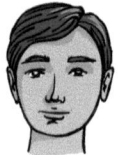

head
hoved

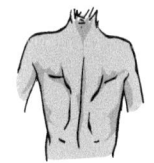

back

ryg

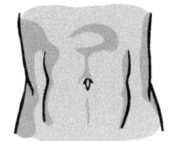

belly

mave

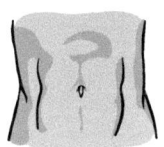

navel

navle

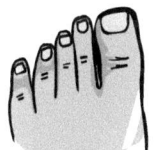

toe

tå

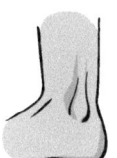

heel

hæl

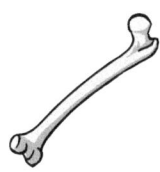

bone

knogle

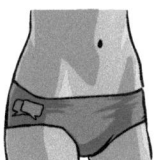

hip

hofte

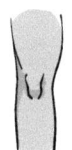

knee

knæ

elbow

albue

nose

næse

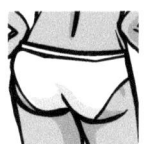

buttocks

bagdel

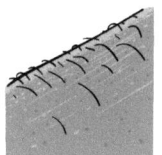

skin

hud

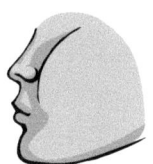

cheek

kind

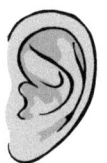

ear

øre

lip

læbe

body - krop

mouth

mund

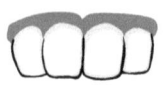

tooth

tand

tongue

tunge

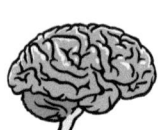

brain

hjerne

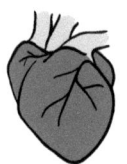

heart

hjerte

muscle

muskel

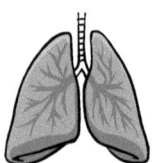

lung

lunge

liver

lever

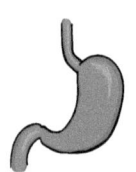

stomach

mavesæk

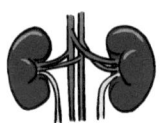

kidneys

nyrer

sex

sex

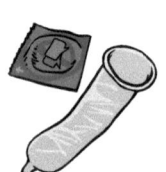

condom

kondom

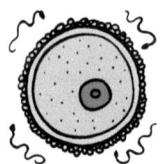

ovum

ægcelle

semen

sperm

pregnancy

svangerskab

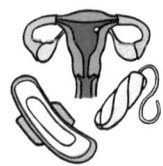

menstruation

menstruation

vagina

vagina

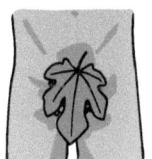

penis

penis

eyebrow

øjenbryn

hair

hår

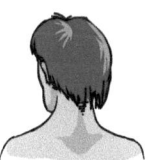

neck

hals

hospital
sygehus

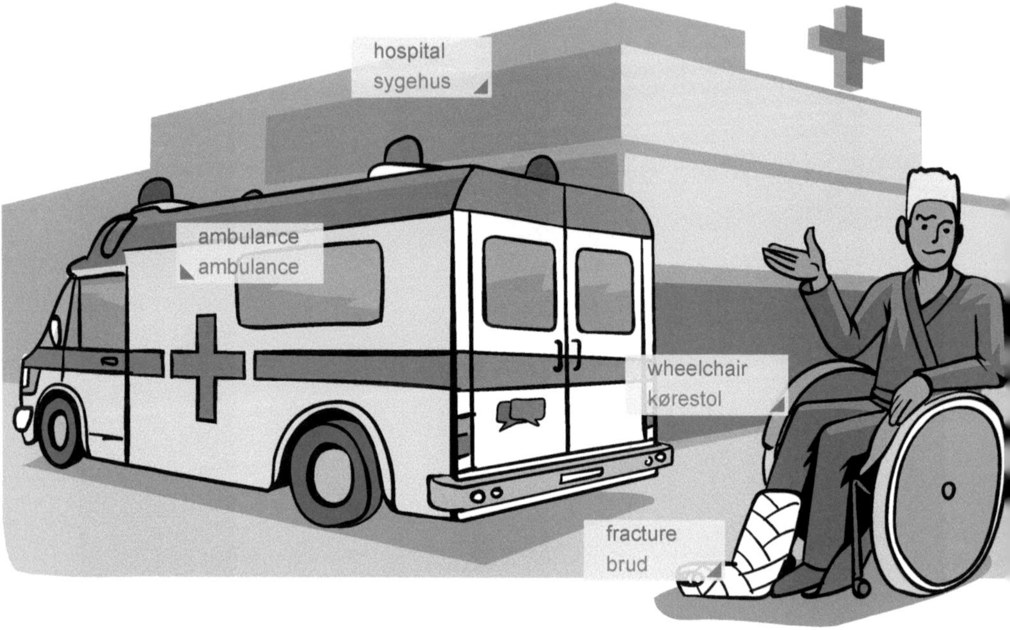

hospital
sygehus
ambulance
ambulance
wheelchair
kørestol
fracture
brud

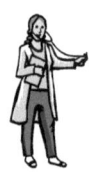

doctor

læge

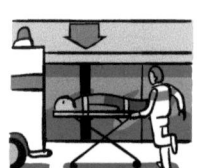

emergency room

akutmodtagelse

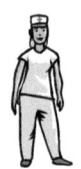

nurse

sygeplejerske

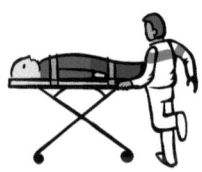

emergency

nødstilfælde

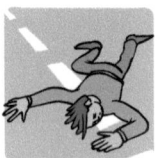

unconscious

bevidstløs

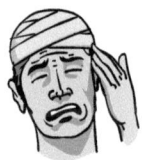

pain

smerte

injury

skade

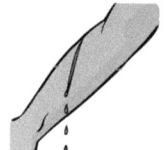

bleeding

blødning

heart attack

hjerteinfarkt

stroke

slagtilfælde

allergy

allergi

cough

hoste

fever

feber

flu

influenza

diarrhea

diarré

headache

hovedpine

cancer

kræft

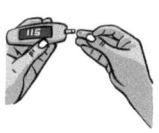

diabetes

diabetes

surgeon

kirurg

scalpel

skalpel

operation

operation

hospital - sygehus

CT

CT

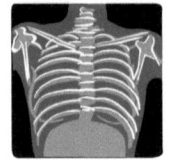

x-ray

røntgen

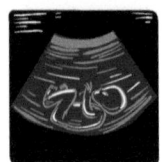

ultrasound

ultralyd

face mask

maske

disease

sygdom

waiting room

venteværelse

crutch

krykke

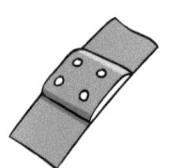

plaster

plaster

bandage

forbinding

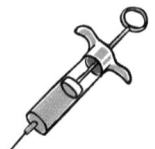

injection

injektion

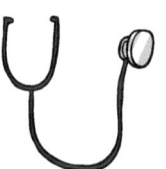

stethoscope

stetoskop

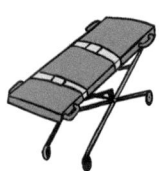

stretcher

båre

clinical thermometer

termometer

birth

fødsel

overweight

overvægt

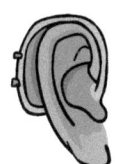

hearing aid

høreapparat

disinfectant

desinficerende middel

infection

infektion

virus

virus

HIV / AIDS

HIV / AIDS

medicine

medicin

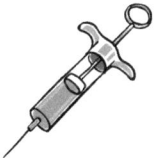

vaccination

vaccination

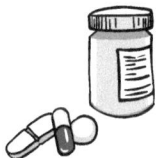

tablets

tabletter

pill

pille

emergency call

nødopkald

blood pressure monitor

blodtryksmåler

ill / healthy

syg / rask

Help! Hjælp!	 alarm alarm	 assault overfald
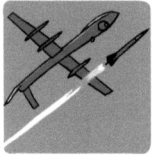 attack angreb	 danger fare	 emergency exit nødudgang
Fire! Det brænder!	 fire extinguisher ildslukker	 accident uheld
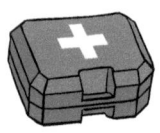 first-aid kit førstehjælps-kuffert	 SOS SOS	 police politi

Europe

Europa

North America

Nordamerika

South America

Sydamerika

Africa

Afrika

Asia

Asien

Australia

Australien

Atlantic

Atlanterhavet

Pacific

Stillehavet

Indian Ocean

Indiske Ocean

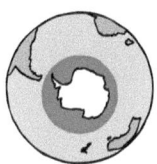

Antarctic Ocean

Sydlige Ishav

Arctic Ocean

Ishav

North pole

Nordpol

South pole
Sydpol

Antarctica
Antarktis

earth
Jorden

land
land

sea
hav

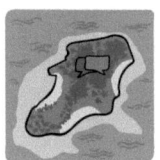

island
ø

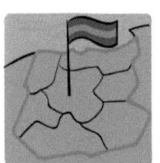

nation
nation

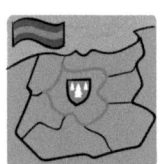

state
stat

clock face

urskive

hour hand

timeviser

minute hand

minutviser

second hand

sekundviser

What time is it?

Hvad er klokken?

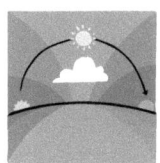

day

dag

time

tid

now

nu

digital watch

digitalur

minute

minut

hour

time

week

uge

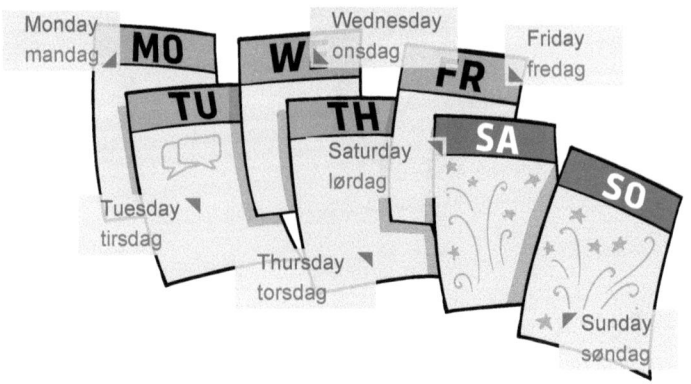

yesterday

i går

today

i dag

tomorrow

i morgen

morning

morgen

noon

middag

evening

aften

MO	TU	WE	TH	FR	SA	SU
1	2	3	4	5	6	7
8	9	10	11	12	13	14
15	16	17	18	19	20	21
22	23	24	25	26	27	28
29	30	31	1	2	3	4

workdays

arbejdsdage

MO	TU	WE	TH	FR	SA	SU
1	2	3	4	5	6	7
8	9	10	11	12	13	14
15	16	17	18	19	20	21
22	23	24	25	26	27	28
29	30	31	1	2	3	4

weekend

weekend

year
år

rain
regn
spring
forår
summer
sommer
wind
vind
fall
efterår
snow
sne
winter
vinter

4.APRIL 11°
5.APRIL 4°
6.APRIL 13°
7.APRIL 8°
8.APRIL 10°

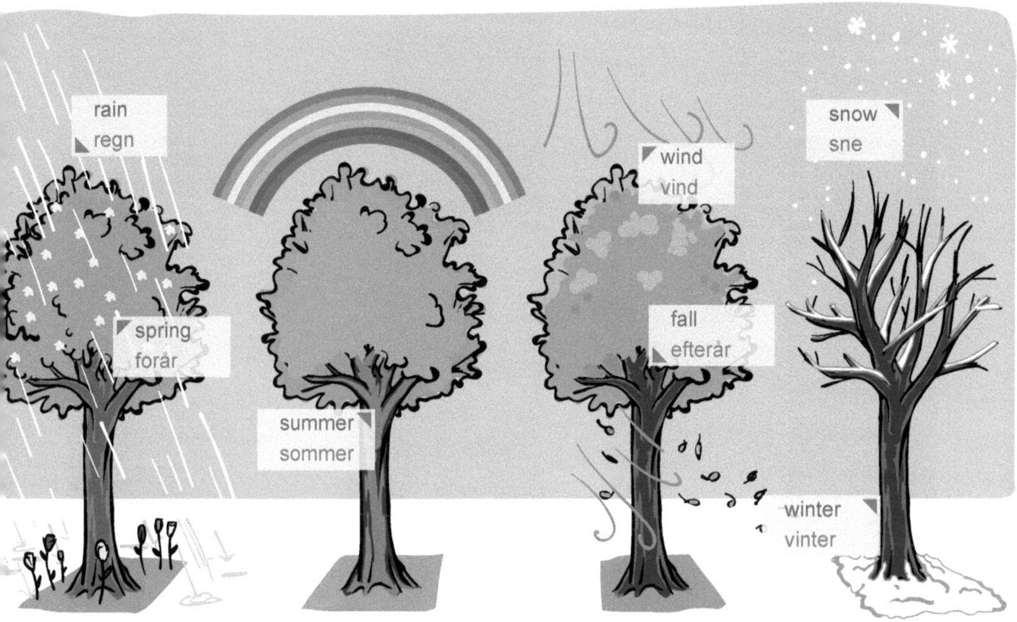

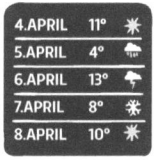

weather forecast

vejrudsigt

F C

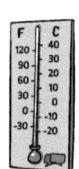

thermometer

termometer

sunshine

solskin

cloud

sky

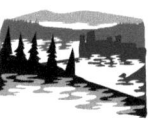

fog

tåge

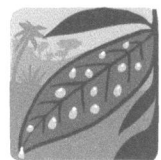

humidity

luftfugtighed

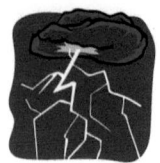

lightning

lyn

thunder

torden

storm

storm

hail

hagl

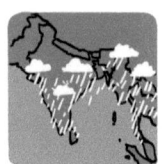

monsoon

monsun

flood

flod

ice

is

January

januar

February

februar

March

marts

April

april

May

maj

June

juni

July

juli

August

august

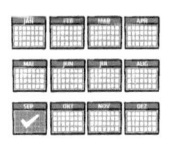

September
september

October
oktober

November
november

December
december

circle
cirkel

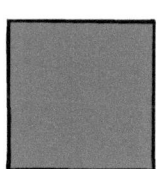

square
kvadrat

rectangle
firkant

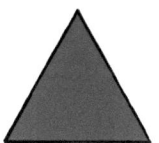

triangle
trekant

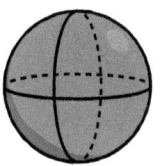

sphere
kugle

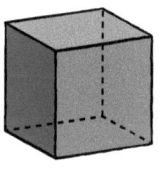

cube
terning

white

hvid

yellow

gul

orange

orange

pink

pink

red

rød

purple

lilla

blue

blå

green

grøn

brown

brun

gray

grå

black

sort

a lot / a little

meget / lidt

angry / calm

rasende / fredelig

beautiful / ugly

smuk / grim

beginning / end

begyndelse / slut

big / small

stor / lille

bright / dark

lys / mørk

brother / sister

bror / søster

clean / dirty

ren / snavset

complete / incomplete

fuldkommen / ufuldkommen

day / night

dag / nat

dead / alive

død / levende

wide / narrow

bred / smal

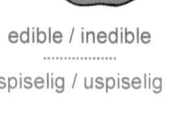

edible / inedible

spiselig / uspiselig

evil / kind

vred / venlig

excited / bored

ophidset / kedet

fat / thin

tyk / tynd

first / last

først / sidst

friend / enemy

ven / fjende

full / empty

fuld / tom

hard / soft

hård / blød

heavy / light

tung / let

hunger / thirst

sult / tørst

ill / healthy

syg / rask

illegal / legal

illegal / legal

intelligent / stupid

intelligent / dum

left / right

venstre / højre

near / far

nær / fjern

new / used
ny / brugt

nothing / something
intet / noget

old / young
gammel / ung

on / off
tændt / slukket

open / closed
åben / lukket

quiet / loud
stille / højt

rich / poor
rig / fattig

right / wrong
rigtig / forkert

rough / smooth
ru / glat

sad / happy
ked af det / lykkelig

short / long
kort / lang

slow / fast
langsom / hurtig

wet / dry
våd / tør

warm / cool
varm / kold

war / peace
krig / fred

0

zero

nul

1

one

en

2

two

to

3

three

tre

4

four

fire

5

five

fem

6

six

seks

7

seven

syv

8

eight

otte

9

nine

ni

10

ten

ti

11

eleven

elleve

12

twelve

tolv

13

thirteen

tretten

14

fourteen

fjorten

15

fifteen

femten

16

sixteen

seksten

17

seventeen

sytten

18

eighteen

atten

19

nineteen

nitten

20

twenty

tyve

100

hundred

hundrede

1.000

thousand

tusinde

1.000.000

million

million

English
engelsk

American English
amerikansk engelsk

Chinese Mandarin
kinesisk mandarin

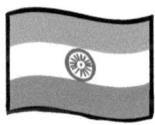

Hindi
hindi

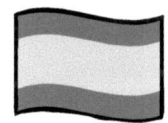

Spanish
spansk

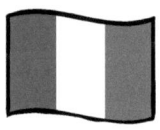

French
fransk

Arabic
arabisk

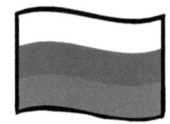

Russian
russisk

Portuguese
portugisisk

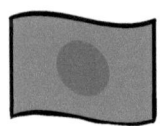

Bengali
bengalsk

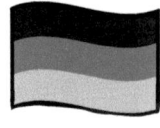

German
tysk

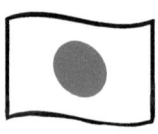

Japanese
japansk

I
jeg

you
du

he / she / it
han / hun / den / det

we
vi

you
I

they
de

who?
hvem?

what?
hvad?

how?
hvordan?

where?
hvor?

when?
hvornår?

name
navn

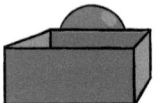

behind

bag

in

i

in front of

foran

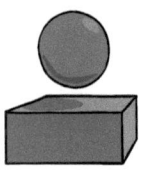

over

over

on

på

under

under

beside

ved siden af

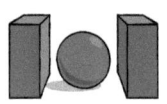

between

imellem

place

sted